Mathias Metzger · Fred Ruillier

Fußballgeschichten

W0393997

Dieses Buch gehört:

____

Mathias Metzger

Fußballgeschichten

Mit Bildern von Fred Ruillier

Jnhalt

1. Der geliehene Ball

Lange hatte sich Lukas davor gedrückt, seinen großen Bruder zu fragen. Jetzt musste es sein. Es war ja seine eigene Schuld. Beim letzten Fußballspiel mit den Kids aus der Nachbarschaft hatte er ihren Ball in den Fluss im Park geschossen. Sie versuchten zwar noch, ihn wieder herauszufischen, aber da war nichts mehr zu machen. Es war zwar nur ein billiger Plastikball aus dem Supermarkt, aber einen anderen hatten sie nicht. Lukas musste versprechen, einen Ersatz zu besorgen. Da gab es nur eine Möglichkeit: den teuren Ball, der seinem

großen Bruder gehörte. Sein Bruder Sebastian spielte richtig im Verein. Mit diesem Ball hatte er einmal in einem Endspiel das Tor zum Sieg für seine Mannschaft geschossen. Seitdem bewahrte er ihn immer in seinem Regal auf.
„Du, Sebastian“, stotterte Lukas. „Jch gehe doch heute wieder zum Kicken in den Park ...“
„Na und?“, meinte Sebastian. „Da musst du doch nicht um Erlaubnis fragen.“
Lukas rückte einfach mit der Wahrheit heraus und

erzählte alles. Sebastian wollte kein Spielverderber sein. Vor allem nicht, wenn es um Fußball ging. „Na gut, dieses eine Mal“, sagte er. „Wenn du versprochen hast, dass du einen Ball mitbringst, musst du es auch halten. Aber du versprichst jetzt mir, dass du den Ball heil wieder zurückbringst, klar?“

Natürlich versprach Lukas das.

Die anderen staunten nicht schlecht, als Lukas auf dem Bolzplatz auftauchte.

„Jch habe gedacht, du bringst uns so ein billiges Ei mit!“, rief Kai. „Und jetzt kommst du mit einem richtigen Profi-Ball! Na, dann können wir ja endlich mal richtig spielen.“ Kai war der beste Fußballer in der ganzen Straße. Er hatte immer am meisten gemault, dass sie nie mit richtigen Bällen spielen konnten.

„So einen tollen Ball haben wir noch nie gehabt“, meinte Benny. „Mit dem schieße ich heute mein erstes Tor.“

Alle lachten. Benny war der kleinste von ihnen und richtig Fußball spielen konnte er auch nicht.

Ein Tor hatte er noch nie geschossen. Außer, man zählte das Eigentor von vor zwei Wochen mit.
„Also los!“, rief Kai. „Fangen wir endlich an!“
Vom Anstoß weg schnappte sich Lukas den Ball, dribbelte an Marco vorbei und wollte zu Sandra passen. Aber Micha war wieder einmal ein bisschen schneller als er und kickte ihm den Ball von der Fußspitze weg. Jetzt waren die anderen in Ballbesitz und konnten einen Angriff starten.
Micha spurtete ein paar Meter mit dem Ball. Gekonnt schob er ihn dann quer zu Kai.
„Zu mir!“, rief Benny, der frei vor dem gegnerischen

Tor stand. Aber Kai wollte lieber auf Nummer sicher gehen und selber schießen. Wenn Benny schoss, wusste man nie, wo der Ball landen würde. Kai legte sich den Ball vor und setzte zu einem Weitschuss an. Darin war er der Beste. Der Ball schoss wie eine Rakete in Richtung Tor und schlug knapp unter der Querlatte ein. Ahmet hatte keine Chance, ihn zu halten.

Aber leider hatten die Tore auf dem Bolzplatz keine Netze. Das hatte Kai mal wieder vergessen.

„Oh nein!", rief Lukas, als der Ball über einen Gartenzaun hinter dem Bolzplatz segelte.

Das hatte gerade noch gefehlt. Alle stürmten hinterher.

„Keine Sorge“, sagte Kai. „So ein mickriger Zaun. Da klettern wir schnell drüber und in null Komma nix ist der Ball wieder da.“

So einfach war es leider nicht. Sie standen am Zaun und konnten auf das Grundstück dahinter sehen. Der Ball lag zwar zum Greifen nahe vor ihnen. Aber er hatte einen neuen Besitzer.

Ein großer Hund beschnüffelte den Ball. Er bemerkte jetzt auch die Kids und knurrte grimmig.

Plötzlich riss er das Maul auf und versuchte, den Ball mit seinen riesigen Zähnen zu schnappen. Jeden Moment konnte der Ball platzen!
„Was machen wir jetzt bloß?“, japste Lukas.
Jhm war fast zum Heulen zumute.
„Jch hab's, wir lenken den Hund ab“, schlug Kai vor. „Wir werfen ein paar Stöckchen in die Ecke vom Garten. Dann rennt der Hund hinterher und die Luft ist rein.“
Er sammelte ein paar Zweige auf und schleuderte sie in die hinterste Ecke des fremden Gartens. Doch der Hund drehte nur einmal gelangweilt den Kopf und legte sich dann wieder hin.
„Du hast keine Ahnung von Hunden!“, rief plötzlich Benny. Alle starrten ihn erstaunt an. „Wir haben daheim auch einen Hund, der ist fast genauso groß wie der hier“, erklärte Benny. „Jch weiß, was wir machen. Ahmet, du hast doch bestimmt wieder deine Schokoriegel dabei.“
Ahmet war der dickste der ganzen Truppe.
Er hatte eigentlich immer was zum Naschen in der Jackentasche.

„Ja, ich habe schon was. Aber das brauch ich für später“, protestierte Ahmet.
„Her damit“, sagte Benny. „Jch brauche sie jetzt dringender.“
Seufzend rückte Ahmet die Schokoriegel raus.
„Jch weiß, was dem schmeckt“, meinte Benny und wedelte mit einem Schokoriegel vor dem Hund herum. Der Hund spitzte die Ohren und starrte wie gebannt auf den Riegel in Bennys Hand. Plötzlich holte Benny aus und warf den Schokoriegel in die Ecke, in die Kai vorher seine Zweige geworfen hatte. Und diesmal klappte es. Der Hund bellte begeistert auf und raste der Schokolade hinterher.
„Schnell jetzt!“, rief Benny. „Sandra, du musst das machen.“
Sandra kapierte sofort. Sie hatte die längsten Arme von ihnen. Nur sie konnte es schaffen.
Schnell beugte sie sich über den Zaun, und streckte die Arme aus so weit sie konnte. Sie bekam den Ball zu fassen und rollte ihn zum Zaun zurück. Erst jetzt bemerkte der Hund, dass jemand in sein Revier eingedrungen war. Zu spät! Die Kids hatten

den Ball längst in Sicherheit gebracht. Alle jubelten und klatschten Benny und Sandra ab.
„Hektor, Fressi, Fressi!“, rief auf einmal eine Frauenstimme aus dem Gebüsch im Garten. Der Hund sprang sofort los und verschwand im Gartenhaus. Na toll! Wenn sie eine Minute länger gewartet hätten, wären sie den Hund von ganz alleine los gewesen.
„Jetzt wissen wir wenigstens, dass Benny auch etwas besser kann als Kai“, sagte Sandra. Beide, Benny und Kai, wurden rot und alle prusteten los. Sogar Lukas konnte jetzt wieder lachen.

Der Ball war wieder da, ein kleines bisschen fleckig und zerkratzt, aber noch ganz.
Das war die Hauptsache. Er wusste genau, wie sauer Sebastian gewesen wäre, wenn er den Ball nicht zurückgebracht hätte. Er hatte es schließlich versprochen.

2. Kopfballstärke

Tom war einen Kopf größer als alle anderen Jungs in der Klasse. Und er war ein großer Fußballfan. Nach jedem Länderspiel im Fernsehen konnte er fast alle Spielzüge auswendig aufsagen. Eigentlich war er bei allen auch ganz beliebt. Aber leider war Tom auch der schlechteste Fußballspieler der ganzen Schule. Er war langsam, er bewegte sich ungeschickt und er hatte Angst vor dem Ball. Wenn Mannschaften gewählt wurden, blieb er jedes Mal übrig.Trotzdem spielte er immer mit.
An diesem Nachmittag wählten wie immer Nico und Fabian die Mannschaften. Die beiden waren die besten Fußballer der Klasse.
Nico war unschlagbar beim Dribbeln und unglaublich schnell. Fabian hatte dafür den härtesten Schuss und war ein guter Kopfballspieler. Deswegen schoss er fast genauso viele Tore wie Nico.
Nico hatte diesmal die erste Wahl. Er entschied sich für Felix, ihren besten Torwart. Felix spielte richtig Torwart im Verein und war komplett ausgerüstet,

mit richtigem Torwarttrikot und richtigen Handschuhen. Bei jedem anderen traf Fabian mit Garantie. Aber mit Felix im Tor war das nicht so leicht.
„Das Spiel haben wir jetzt schon verloren“, maulte Fabian und wählte Jan als nächsten Mitspieler.
„Der schnellste Angreifer und der beste Torwart in einer Mannschaft, da haben wir keine Chance.“
„Wie, willst du schon vor dem Spiel aufgeben?“, fragte Nico grinsend.
Fabian verzog das Gesicht. Aufgeben wollte er auf keinen Fall.
„Okay, du kommst noch zu uns, David“, sagte er.

Jetzt hatten beide fünf Mitspieler gewählt. „Tom kann auch noch bei euch mitmachen“, meinte Nico. Wie immer war Tom bei der Wahl übrig geblieben. „Dann seid ihr einer mehr.“ „Na toll, dann haben wir ja schon so gut wie gewonnen“, sagte Fabian lachend. Alle mussten grinsen. Bis auf Tom natürlich.
Fabians Mannschaft hatte Anstoß. Bevor die anderen richtig merkten, dass das Spiel angefangen hatte, spielte Jan einen Pass auf Fabian.
Fabian ließ Julian aussteigen und zielte flach ins rechte Eck.

Aber Felix reagierte blitzschnell und fing den Ball sicher ab.

„Felix ist heute wieder in Top-Form“, seufzte Fabian. „Wer weiß, ob wir noch einmal so eine Chance kriegen?“

Jetzt war Nicos Mannschaft dran. Nico umdribbelte David, ließ Tom einfach stehen und zog halbhoch ab. Jonas, der bei Fabians Mannschaft im Tor stand, konnte dem Ball nur noch hinterherschauen. Aber er hatte Glück.

Der Ball landete am Pfosten und sprang von dort ins Aus.
Eine ganze Weile lief das Spiel so weiter. Nico und Fabian taten, was sie konnten, aber keiner schaffte es, ein Tor zu schießen.
„Schon kurz nach sechs!“, rief Jan dazwischen. „Wollen wir nicht langsam aufhören?“
„Ausgerechnet, wenn wir in Ballbesitz sind“, antwortete Fabian. „Diesen Angriff machen wir auf jeden Fall noch. Also, alles nach vorne!“
Jan flankte schnell zu Fabian. Der wollte seine letzte Chance unbedingt nutzen und drosch mit voller Wucht auf den Ball ein. Der Ball kam wie eine Rakete auf das Tor zu. Felix warf sich verzweifelt dazwischen. Er schaffte es gerade noch, den Ball zur Ecke zu lenken.
„Das gibt es doch nicht“, ärgerte sich Fabian.
Er wendete sich an Jan. „Du schlägst die Ecke so rein, dass ich den Ball reinköpfen kann.“
Jan nahm Anlauf und spielte den Ball hoch vor das Tor. Leider ein bisschen zu hoch für Fabian. Er sprang zwar ab und erwischte den Ball gerade

noch so mit dem Kopf. Aber zielen konnte er nicht mehr. Der Ball flog in hohem Bogen Richtung Tor und Pascal hätte ihn ohne Probleme rausköpfen können. Er war auch schon in Stellung gegangen und setzte zum Kopfball an. Dummerweise sprang aber gleichzeitig ein Gegenspieler mit hoch und dummerweise war dieser Gegenspieler einen Kopf größer als er. Tom hatte dieses Mal seinen ganzen Mut zusammengenommen und vergessen, dass er Angst vor dem Ball hatte. Gut, nicht ganz. Aber obwohl er die Augen zugemacht hatte, traf er den Ball voll mit der Stirn. Felix rechnete nicht mehr damit, dass der Ball noch aufs Tor kommen könnte. Schon gar nicht von Tom. Der Ball erwischte ihn auf dem falschen Fuß und er hatte keine Chance. Eins zu null!

Alle starrten Tom an wie einen Außerirdischen.

„Na ja, das war Zufall“, meinte Tom und wurde rot.

„Jch weiß schon, dass du nicht kicken kannst“, sagte Fabian. „Aber das mit den Kopfbällen, das üben wir jetzt.“

„Aber ich weiß nicht ...“, stotterte Tom.

„Jch auch nicht“, grinste Fabian. „Jch weiß nur, wir hätten hier noch stundenlang spielen können, aber ohne dich hätten wir nie gewonnen.“

3. Aller Anfang ist schwer

Tim war immer noch sauer. Er wohnte jetzt schon drei Wochen hier und es gefiel ihm überhaupt nicht. Warum mussten seine Eltern auch auf dieses blöde Dorf ziehen? Seine ganzen Freunde waren in der Stadt. Vor allem seine Fußballmannschaft. Er war der beste Spieler ihres Teams gewesen. Was sie jetzt wohl ohne ihn anfingen?

„Hier spielen die Kinder doch auch Fußball", sagte ihm seine Mutter. „Geh doch endlich mal hin, die haben einen wunderschönen Platz."
Das stimmte, der Bolzplatz auf dem Dorf war viel besser als der Hartplatz, auf dem sie in der Stadt immer spielten. Tim hatte den Kindern aus dem

Dorf auch schon heimlich beim Spielen zugesehen. Ein paar von denen spielten gar nicht schlecht. Natürlich kein Vergleich zu seiner alten Mannschaft, aber immerhin. Weil Ferien waren, kannte er aber noch niemanden.

Tim entschied sich, dass es jetzt reichte. Drei Wochen ohne Fußball, das wurde langsam richtig langweilig. Er schnappte sich seinen Ball und machte sich auf den Weg.

„Du musst Tim sein, der Neue“, begrüßte ihn einer von den Jungs. „Jch bin Pascal.“

„Ja, ich bin vor drei Wochen hergezogen. Kann ich mitspielen?“

„Na klar.“

Die anderen hatten schon zwei Mannschaften gewählt und steckten Tim einfach zu der mit einem Spieler weniger.

„Das ist Hendrik“, flüsterte Pascal Tim zu und

zeigte auf einen Spieler der gegnerischen Mannschaft. „Der ist klein, aber gefährlich. Unser bester Mann."

Tim merkte ziemlich schnell, dass Pascal Recht hatte. Hendrik war wirklich ein richtiger Klassestürmer. Beim ersten Angriff hatte er gleich getroffen. Hendrik war schneller als er selbst und am Ball war er auch nicht schlecht. Dafür dribbelte er ein bisschen zu viel und gab nie den Ball ab.

Tim wollte es besser machen. Gerade weil er neu hier war, versuchte er, den Ball viel abzugeben und mit seinen Teamgefährten zusammenzuspielen. Das lief auch gar nicht schlecht. Nur hatten sie keinen richtigen Torschützen wie Hendrik in der Mannschaft. Tim musste die Sache selber in die Hand nehmen, bevor es Zeit zum Abendessen wurde. Sonst konnten sie nie mehr ausgleichen.
Er schnappte sich den Ball und sprintete nach vorne.
„Doppelpass!“, rief er Pascal zu und schnippte den Ball geschickt zu ihm rüber. Pascal schaltete sofort und kickte den Ball direkt, ohne ihn zu stoppen, steil auf Tim zurück. Tim nahm Anlauf und visierte

gleichzeitig sein Ziel an. Er wollte den Ball flach ins linke Eck schießen und den Torwart auf dem falschen Fuß erwischen. Er hatte das linke Eck genau im Blick. Aus vollem Lauf holte er aus und zog voll durch. Aber vor lauter Zielen hatte Tim sich leider verschätzt. Er verfehlte den Ball, schoss ein großes Loch in die Luft und wurde vom eigenen Schwung umgerissen. Alle brüllten los vor Lachen, als sich Tim auf den Hosenboden setzte.

Das war der letzte Angriff. Sie hatten verloren und er war der Trottel der Mannschaft.

Jahrelang der beste Spieler und jetzt so eine Pleite! Gleich beim ersten Spiel!

Nach dem Spiel setzte er sich an den Rand des Spielfelds und ließ den Kopf hängen. Er hätte heulen können.

„Hey, nimm es nicht so tragisch“, hörte er plötzlich eine Stimme von hinten. Hendrik stand neben ihm und klopfte ihm auf die Schulter. „Jst eben dumm gelaufen heute“, munterte er Tim auf. „Jst mir auch schon passiert. Aber ich habe gleich gesehen, dass du ein toller Spieler bist.“

„Wirklich?“, fragte Tim ungläubig.

„Klar. Mit dir haben wir endlich mal eine Chance, gegen die Jungs aus dem Nachbardorf zu gewinnen!“

Auf dem Nachhauseweg war Tim richtig froh, dass er zum Bolzplatz gegangen war. Außerdem, nach dem Auftritt heute konnte es ja nur noch besser werden.

4. Mädchen und Fußball?!

Zuerst freute sich an der Adenauer-Schule niemand so richtig über den neuen Sportlehrer Herrn Holzhauer. Gut, der alte Herr Baumann hatte schon über 30 Jahre als Sportlehrer auf dem Buckel gehabt und musste öfter mal langsam machen. Aber er hatte ihre Mannschaft ins Endspiel der Schulmeisterschaft geführt. Das musste ihm der Neue erst einmal nachmachen. Trotzdem dauerte es nicht lange und Herr Holzhauer hatte einen richtigen Fanclub. Vor allem bei den Mädchen war er sehr beliebt. Nicht nur weil er aussah wie ein Filmstar, sondern weil er auch neue Jdeen mitbrachte. Die gefielen aber nicht allen.

„Wisst ihr, was mir hier nicht passt?“, wendete er sich eines Tages an die Fußballmannschaft. „Hier spielen nur Jungs Fußball. So geht das nicht weiter. Wir stellen das Team um, zur Hälfte Jungs, zur Hälfte Mädchen!“
Zuerst schaute ihn die ganze Mannschaft nur erstaunt an. Doch dann brüllten alle los vor Lachen.
„Habe ich vielleicht einen Witz gemacht?“, fragte Herr Holzhauer ernst.
„Das geht nicht“, meinte Jonas, der Spielführer. „Nächste Woche ist das Endspiel der Schulmeisterschaft. Da kippen wir doch jetzt nicht die ganze Mannschaft um.“
„Genau, außerdem wollen wir gewinnen“, sagte Julian. „Mit den Mädchen haben wir doch keine Chance.“
Ja, nächsten Freitag sollte das große Endspiel gegen die Friedrich-Ebert-Schule steigen.
Jn der Vorrunde hatten Jonas und die anderen Jungen von der Adenauer-Schule alle Spiele gewonnen. Drei zu eins gegen die Heuss-Schule, zwei zu null gegen die Schule Goethestraße.

Und zwar ohne Mädchen.
„Bei der Heuss-Schule haben zwei Mädchen mitgespielt“, erklärte Julian dem Sportlehrer. „Und die haben kein Spiel gewonnen.“
„Na ja, aber von den Jungs dort konnte auch niemand richtig kicken“, meinte Jonas.
„Aber trotzdem, Julian hat Recht.“

„So kommen wir nicht weiter“, sagte Herr Holzhauer. „Wir ziehen das durch. Lena soll eine neue taktische Aufstellung für unser Team machen. Und zwar mit Mädchen. Basta.“
Lena machte sich sofort an die Arbeit. Aber sie musste sich die ganze Zeit blöde Bemerkungen von den Jungs anhören.
„Was? Julia in der Abwehr? Quatsch, das ist

Fußball, keine Ballettstunde! Jasmin im Sturm? Dann schießen wir dieses Jahr kein Tor mehr!"
Langsam reichte es Lena. „Bei den Frauen ist Deutschland Weltmeister geworden und bei den Männern nur Zweiter!", sagte sie.
„Ähhh ... Also ... Das ist doch was ganz anderes", stotterte Jonas. Lena hatte es satt. Sollten die blöden Jungs doch machen, was sie wollten. Wütend warf sie ihren Notizblock weg. „Macht euren Mist doch alleine!", rief sie. „Auf uns müsst ihr verzichten. Hoffentlich verliert ihr!"

Das war es dann mit den neuen Jdeen von Herrn Holzhauer.
„Das finde ich ganz schön mies von euch“, giftete er sein Team an. „Nach dem Spiel sprechen wir uns noch! Aber am Freitag zeigt ihr erst einmal, dass ihr auch spielen könnt. Oder habt ihr nur eine große Klappe?“
Zum Endspiel waren alle gekommen, auch die Mädchen. Aber sie hatten sich verabredet, ihre Mannschaft nicht anzufeuern.
Die Adenauer-Jungs warem zuversichtlich. Sie hatten Anstoß und wollten sofort zeigen, wer der Chef auf dem Platz war. Philipp spielte einen kurzen Querpass zu Christian. Aber einer von der anderen Mannschaft warf sich dazwischen, eroberte den Ball und passte ihn nach vorne. Max ließ sich vom gegnerischen Stürmer ausspielen wie ein Anfänger. Der Stürmer schoss halbhoch aufs Tor und der Ball war drin. So ein Pech, das Spiel hatte noch keine zwei Minuten gedauert und sie lagen schon hinten. Nur, weil sie nicht aufgepasst hatten! Es dauerte aber nicht lange, und jeder Zuschauer

konnte sehen, wer das bessere Team war. Denn jetzt spielte nur noch eine Mannschaft: die Adenauer-Schule. Max versuchte, seinen Fehler wieder gutzumachen und hämmerte einen Weit-

schuss aufs gegnerische Tor. Er wollte schon die Arme zum Jubel hochreißen, aber irgendwie schaffte es der Torwart der anderen, den Ball noch zur Ecke abzulenken. Den Eckball fing der Torwart dann mühelos auf und Philipp hatte keine Chance, zum Kopfball zu kommen.

„Denen zeigen wir es“, rief Jonas. „Dem Typ schieße ich seine Angebermütze schon noch vom Kopf.“ Er nahm seinem Gegenspieler im Zweikampf den Ball ab, dribbelte die gegnerische Abwehr schwindlig und zog aus kurzer Entfernung ab. Aber mit einem unglaublichen Reflex wehrte der Torwart auch diesen Ball ab. Es war wie verhext. Zur Halbzeit lag die Adenauer-Schule hinten.
„Nach Chancen führen wir zehn zu eins“, meinte Max.

„Nützt uns jetzt auch nichts, wir brauchen unbedingt ein Tor“, sagte Jonas ungeduldig. Aber die zweite Halbzeit ging genauso weiter, wie die erste aufgehört hatte. Jhr Team war die ganze Zeit im Vorwärtsgang und schoss aus allen Richtungen. Torschüsse, Ecken, Freistöße, nichts half. Jedes Mal kam dieser dumme Torwart dazwischen. „Eine Minute noch!“, schrie Herr Holzhauer aufs Spielfeld. Alle erschraken. Jetzt musste schnell etwas passieren, sonst gute Nacht.

Sie drehten noch einmal richtig auf. Julian tunnelte einen Abwehrspieler der Gegner und flankte zu Jonas. Der stoppte den Ball gekonnt mit der Brust, ließ ihn einmal kurz aufspringen und zog mit voller Wucht ab. Das musste der Ausgleich sein. Jonas hatte noch nie einen Torwart gesehen, der so schnell in die Ecke tauchen konnte. Aber der Torwart der Friedrich-Ebert-Schule konnte auch das. Er hielt den Ball sogar sicher fest und kickte ihn mit einem Befreiungsschlag ins Spielfeld zurück.

Jn diesem Augenblick pfiff der Schiedsrichter drei Mal. Das Spiel war aus.
Jonas schüttelte traurig den Kopf. Jmmerhin hatten sie alles gegeben und man musste auch verlieren können. Müde trottete er auf den gegnerischen Torwart zu und wollte gratulieren. Da nahm der Torwart zum ersten Mal seine Mütze ab und Jonas traute seinen Augen nicht. Unter der Mütze kamen lange, rotbraune Haare zum Vorschein: Der Torwart war eine Torfrau!

„Du … du bist ja …“, stotterte Jonas.
„Jch bin Katharina, die Nummer eins von der Friedrich-Ebert-Schule“, sagte seine Gegnerin grinsend.
Jonas hatte es auf einmal ganz eilig in die

Umkleidekabine zu kommen. Nur nicht Herrn Holzhauer oder Lena begegnen! Für heute hatte er genug erlebt.

5. Der verregnete Schulausflug

Jeden Sommer das Gleiche! Jmmer hatte die Klasse Pech beim Schulausflug. Beim Wandern hatte noch die Sonne gebrannt und alle waren ins Schwitzen gekommen. Und jetzt, wo sie auf der Wiese ein Fußballspiel machen wollten, zogen am Horizont dunkle Regenwolken auf.

„Jch glaube, es ist besser, wir nehmen den nächsten Bus und fahren in die Stadt zurück", meinte die Lehrerin Frau Werner.
„Oh nein", protestierte Moritz. „Das zieht bestimmt vorbei."

„Genau“, meinte Thomas. „Außerdem habe ich den Ball doch nicht umsonst die ganze Zeit mitgeschleppt. Sie haben uns doch versprochen, dass wir hier kicken können.“

„Na gut“, seufzte Frau Werner. „Aber wenn es zu regnen anfängt, hören wir sofort auf.“

Alle jubelten. Jetzt durften sie keine Zeit mehr verlieren, denn die Wolken rückten immer näher.

So ein richtiges Spiel konnte man auf der holprigen Wiese natürlich nicht machen. Aber das war auch nicht so wichtig. Hauptsache, sie hatten Spaß.

Sie nahmen zwei Rucksäcke, um die Tore zu markieren, und legten sofort los.

Thomas bekam den Ball und schob ihn zu Laura.

Sie schaffte es, Moritz den Ball durch die Beine zu spielen und schoss. Eins zu null. Doch in diesem Augenblick fing es auch schon leicht zu nieseln an.

„Sollen wir nicht aufhören?“, rief Frau Werner dazwischen.

Aber vor lauter Jubel hörte erst gar keiner hin.

Das Nieseln hörte auch schnell wieder auf und die

Wiese war nur ein bisschen feucht geworden. Das Spiel konnte weitergehen.
Aber mit einem Mal kam ein starker Wind auf und von einer Minute auf die andere goss es wie aus Kübeln. Jnnerhalb von Sekunden waren alle nass bis auf die Haut und die Wiese verwandelte sich in eine Schlammgrube.
„Jetzt ist aber Schluss!“, rief Frau Werner.
Moritz war viel zu sehr ins Spiel vertieft und hörte nichts. Er versuchte, nach dem Ball zu grätschen. Dabei kam er auf dem nassen Gras ins Rutschen und landete in einer Schlammpfütze.
„Jetzt ist sowieso schon alles egal“, meinte er und betrachtete seine verdreckte Kleidung.
„Nichts da, Schluss jetzt“, beharrte die Lehrerin.
„Och, jetzt, wo wir in Rückstand liegen, sollen wir aufhören? Das ist doch gemein“, maulte Moritz.
Frau Werner gab es auf. Jnzwischen waren sowieso schon alle voller Dreck und Schlamm. Sogar die Jungs, die Fußballschuhe mitgebracht hatten, konnten sich nicht mehr richtig auf den Beinen halten. Ein Fußballspiel war das schon

lange nicht mehr, aber über den Schlamm zu schlittern und in die Pfützen zu springen war auch viel lustiger. Nach genau einer halben Stunde pfiff Frau Werner das Spiel ab.

„So, dreckiger könnt ihr nicht mehr werden, also können wir aufhören", seufzte sie.

„Das hat Riesenspaß gemacht", strahlte Laura.

„Super, dass Sie es uns erlaubt haben."

Das meinten alle. Alle, bis auf Frau Werner.
„Wie soll ich das euren Eltern erklären?
Jch bin mit Kindern losgewandert und komme mit Monstern zurück. Und dann auch noch zu spät.“
„Wieso zu spät?“, fragte Thomas.
„Wir müssen laufen“, sagte Frau Werner. „So lässt uns doch niemand in einen Bus einsteigen.“
Alle machten lange Gesichter.
„Egal, dann laufen wir eben“, meinte Laura.
„Das war trotzdem der lustigste Schulausflug, den wir jemals gemacht haben!“ Alle waren sich einig, dass sie Recht hatte.

6. Der beste Trainer der Welt

Daniel war stinksauer. Obwohl am Montag die großen Ferien anfingen, konnte er sich nicht freuen. Denn am Montag fuhr die ganze D- und E-Jugend des SV Rot-Weiß für eine Woche ins Trainingslager nach Holland. Das heißt, fast die ganze. Denn er durfte als Einziger nicht mitfahren. „Bring das nächste Mal ein besseres Zeugnis mit nach Hause, dann reden wir weiter", hatte sein Vater gesagt. So eine Ungerechtigkeit! Mario und Sven hatten noch viel schlechtere Noten und durften trotzdem mit!
Jetzt musste Jan Daniels Wut ausbaden.

Jan stand bei ihrer Mannschaft im Tor und sie übten zu zweit auf dem Bolzplatz Freistöße und Elfmeterschießen. Eigentlich war Jan ein Super-Torwart. Normalerweise hielt er beim Schusstraining mindestens jeden zweiten Ball. Aber jetzt hatte er keine Chance. Daniel schoss

die Bälle mit so viel Wut im Bauch, dass Jan nur noch hinterherschauen konnte. Nachdem er den siebten Treffer kassiert hatte, verging ihm langsam die Lust. Wieder hatte er sich dem Ball hinterhergeworfen und sich ganz umsonst die Hose dreckig gemacht.

„Mir reicht es jetzt“, stöhnte Jan. „Jch halte heute sowieso nichts mehr und meine Mutter wird einen Riesenkrach machen, wenn sie meine Klamotten sieht.“

Daniel nickte nur. So richtig Spaß machte ihm das Training heute auch nicht. Er klemmte sich den Ball unter den Arm und sie trotteten gemeinsam zu ihren Fahrrädern.

Da sahen sie Stefan Schneider auf der Mauer sitzen. Stefan war der Trainer der E-Jugend. Sie hatten keine Ahnung, wie lange er ihnen schon zugeschaut hatte.

„Na, Daniel!“, rief er grinsend. „Du hast ja anscheinend eine ganz schöne Wut im Bauch, so wie du den armen Jan abgeschossen hast.“

„Quatsch“, grummelte Daniel und wollte sein Rad aufschließen.

„Ja, das ist, weil seine Eltern ...“, mischte sich Jan ein, aber Daniel stieß ihm unsanft den Ellbogen in die Seite und da hielt er lieber die Klappe.

„Na komm schon, raus mit der Sprache, was ist los?“, fragte Stefan.
„Es ist, weil …“, stotterte Daniel. „Na ja, nächste Woche ist doch Trainingslager. Jch darf nicht mit.

Mein Vater hat es mir verboten, weil mein Zeugnis so schlecht war.“
Stefan grinste jetzt nicht mehr. „Verstehe“, sagte er nachdenklich. „Das kenne ich aus meiner eigenen Schulzeit. Aber lass mal den Kopf nicht so hängen.

Ohne meinen besten Stürmer fahre ich nicht ins Trainingslager."
Daniel schaute ihn ungläubig an. „Wie soll denn das gehen?", fragte er.
„Ganz einfach. Jch rede mal mit deinen Eltern.

Wirst sehen, das kriegen wir schon hin."
Daniel wurde rot. Es wäre natürlich toll, wenn er doch noch mitfahren könnte. Aber es war ihm auch irgendwie peinlich, wenn sein Trainer bei ihm zu Hause auftauchte. Trotzdem, versuchen konnte man es ja mal.

Gemeinsam gingen sie zu Daniels Wohnung. Seine Mutter staunte nicht schlecht, als ihr Sohn mit einem fremden Mann vor der Tür stand.
„Hat er was angestellt?“, fragte sie aufgeregt.
„Nein, nein, ich wollte nur mal mit Jhnen über den Fußballverein sprechen“, beruhigte Stefan sie.
„Fußball?“, rief Daniels Mutter. „Na, da müssen Sie mit meinem Mann sprechen, da kenne ich mich nicht aus. Kommen Sie doch rein!“
Daniels Vater war gerade erst von der Arbeit nach Hause gekommen und hatte es sich auf dem Sofa bequem gemacht. Er kannte Stefan Schneider und konnte sich schon vorstellen, was er wollte. Darum machte er gleich ein mürrisches Gesicht und nahm einen tiefen Schluck von seinem Feierabendbier.

„Es geht um das Trainingslager“, begann Stefan.
„Jch habe doch gesagt, das Thema ist erledigt“, schnauzte der Vater Daniel an. „Geh mal auf dein Zimmer! Jetzt müssen sich die Erwachsenen unterhalten.“
Mit hängendem Kopf lief Daniel aus dem Wohnzimmer. Natürlich ging er nicht auf sein Zimmer, sondern lauschte an der Tür. Aber er konnte nichts verstehen, weil der Fernseher lief. Er konnte nur hören, wie sein Vater zuerst ganz laut auf Stefan einredete. Mit der Zeit wurde er aber leiser. Endlich ging die Tür auf und sein Vater rief ihn herein.
„Bedank dich bei deinem Trainer“, sagte er.
„Du kannst mitfahren, aber du musst dich an die Abmachung halten, sonst ist Schluss mit Fußball.“
Daniel jubelte los. Er durfte mit!
Stefan stand lächelnd auf und Daniel begleitete ihn zur Wohnungstür.
„Danke, Trainer“, sagte Daniel. „Das war super. Aber was hat das mit der Abmachung zu bedeuten?“
Stefan grinste ihn an. „Jch musste deinem Vater

versprechen, dass ich jeden Tag eine halbe Stunde mit dir Rechenaufgaben mache“, sagte er.
Daniel musste schlucken.
„Keine Sorge“, lachte Stefan. „Jch sag es keinem weiter. Dann bis Montag!“

An diesem Abend konnte Daniel lange nicht einschlafen. Er hatte das Trainingslager schon aufgegeben und jetzt hatte es doch noch geklappt.
Und nur, weil Stefan ihm geholfen hatte.
Er war der beste Trainer der Welt.

Das bin ich:

________________________________,

der Fußballfan

Mein Lieblingsspieler:

Mein Lieblingsverein:

Mein Lieblingstrainer:

Bist du auch ein Fußballexperte?

Wer war wann Fußballweltmeister?

1930	Uruguay	4:2 gegen Argentinien
1934	Jtalien	2:1 n.V. gegen die Tschechoslowakei
1938	Jtalien	4:2 gegen Ungarn
1950	Uruguay	2:1 gegen Brasilien
1954	Deutschland	3:2 gegen Ungarn
1958	Brasilien	5:2 gegen Schweden
1962	Brasilien	3:1 gegen die Tschechoslowakei
1966	England	4:2 n.V. gegen Deutschland
1970	Brasilien	4:1 gegen Jtalien
1974	Deutschland	2:1 gegen die Niederlande
1978	Argentinien	3:1 n.V. gegen die Niederlande
1982	Jtalien	3:1 gegen Deutschland
1986	Argentinien	3:2 gegen Deutschland
1990	Deutschland	1:0 gegen Argentinien
1994	Brasilien	3:2 i.E. gegen Jtalien
1998	Frankreich	3:0 gegen Brasilien
2002	Brasilien	2:0 gegen Deutschland
2006		